AF462844

Ch. DETON

NOTICE BIOGRAPHIQUE
SUR
L'ABBÉ NAULIN

AVEC PORTRAIT

PRIX : 1 Fr. 25

Vendue au profit du monument qui sera élevé à la mémoire du curé de Saint-Pierre et au profit des écoles libres de Mâcon.

MACON
IMPRIMERIE PROTAT FRÈRES
1886

L'ABBÉ NAULIN

Le portrait de l'abbé Naulin a été exécuté d'après une photographie de M. Bouillaud.

Ch. DETON

NOTICE BIOGRAPHIQUE

SUR

L'ABBÉ NAULIN

AVEC PORTRAIT

PRIX : 1 Fr. 25

Vendue au profit du monument qui sera élevé à la mémoire du curé de Saint-Pierre et au profit des écoles libres de Mâcon.

MACON
IMPRIMERIE PROTAT FRÈRES
1886

I

ESQUISSE BIOGRAPHIQUE[1]

Parler d'un homme que l'on a aimé et qui n'est plus, c'est presque revivre avec lui, c'est retrouver par la pensée une société qui vous était précieuse, c'est se consoler par le souvenir d'une absence qui doit être éternelle. Voilà pourquoi, Messieurs, j'ai voulu vous entretenir aujourd'hui d'un homme que nous avons tous aimé, que nous avons tous vénéré, du bon curé Naulin.

J'ai cité son nom et déjà vous évoquez sa belle figure, tout empreinte de bonté, toute rayonnante du prestige de la vertu, son fin sourire, son esprit aimable et toujours bienveillant. Mais vais-je vous esquisser son portrait lorsqu'il a été tracé de main de maître par l'un de vos regrettés confrères, le docteur Bouchard, qui avait su comprendre, il y a vingt ans déjà, cette belle âme et la traduire, pour ainsi dire, dans ces vers si beaux et si touchants qu'il avait mis dans la bouche d'un enfant des écoles.

1. Lecture faite à l'Académie de Mâcon.

On distribuait les prix et, ce jour-là, l'abbé Naulin reçut des mains du docteur Bouchard le prix de bonté et de charité : jamais laurier de poète ne servit à tresser une couronne mieux méritée et mieux faite que celle-ci. Ecoutons cet éloge, nous en sentirons mieux le prix, maintenant que celui qui l'a reçu comme celui qui l'a fait ont disparu, hélas ! tous les deux !

O vous qui, dans le temple,
Initiez l'enfance au dogme de la foi,
Et, de Dieu dans nos cœurs gravant la sainte loi,
Fécondez le précepte en prêchant par l'exemple !...
Diogène, en plein jour, sa lanterne à la main
Dans Athène ambulait parmi la foule, — et comme
On l'interrogeait en chemin :
Je cherche, dit-il, un homme.
Mais vous, on vous a vu cherchant l'obscurité
Dans nos quartiers déserts, sous la nuit la plus sombre ;
Au flambeau de la charité,
Visiter le malheur qui se cache dans l'ombre.
Secret cent fois trahi ! sublime incognito !
Saint Martin ne donnait au pauvre, sur sa route,
Que la moitié de son manteau :
Vous, vous n'en gardez rien : l'étoffe y passe toute ;
Et vous n'êtes jamais généreux à demi.
Déshérité du sort, le pauvre est votre ami,
Et le plus nu des deux n'est pas celui qu'on pense.
Que votre gouvernante en a de fois gémi !
Dieu seul, dit-elle, sait tout ce qu'il nous dépense.
Pieux consolateur d'un monde infortuné,
Votre cœur et vos mains sèment avec largesse
Les trésors de l'aumône et ceux de la sagesse;
Et vous êtes du Christ l'Evangile incarné.

Entrons dans ces réduits où la misère loge,
La misère, ce spectre au teint hâve et défait !
Sur le lit du malade on devine un bienfait ;
Sur les lèvres du pauvre on recueille un éloge.
Et quand vos doigts, plongeant dans l'urne de granit,
En versent sur nos fronts l'eau sainte et salutaire,
C'est, sous les traits d'un ange envoyé sur la terre,
La charité qui nous bénit.

J'ai peut-être eu tort de placer cette brillante couronne poétique au début de cette notice ; le vestibule paraîtra plus beau que la maison.

La vie de l'abbé Naulin, Messieurs, offre peu de faits saillants : c'est l'uniformité dans le bien et la vertu. C'est un beau fleuve qui s'écoule tranquille et limpide, répandant autour de lui le bonheur et les bienfaits.

On raconte la vie d'un général, en énumérant ses campagnes, en retraçant les batailles dans lesquelles il s'est signalé. Pour l'abbé Naulin, pour ce grand soldat de la bonté et de la charité, il faudrait pouvoir raconter les services rendus, les misères soulagées, les malheureux consolés. Mais qui pourrait le faire complètement ? Qui pourrait suivre pas à pas cette longue carrière dont toutes les journées ont été marquées par un bienfait ? Je vais l'entreprendre, sûr d'avance de commettre de nombreux oublis, car j'ai contre moi la modestie du bon curé qui a laissé dans l'ombre la plus grande partie de ses actions méritoires.

Dès sa plus tendre enfance, M. l'abbé Naulin

aima les pauvres. Il était né à Paray-le-Monial le 26 juillet 1806, d'une honorable famille de commerçants. Ses heureuses dispositions, sa bonté native furent développées par les exemples de sa mère. Cette sainte femme, pour laquelle il avait gardé le plus tendre et le plus pieux des souvenirs, lui faisait distribuer ses aumônes. C'est elle qui lui avait appris à se glisser discrètement, presque furtivement dans la maison du pauvre et à donner avec cette grâce aimable qui double le prix du bienfait.

La façon de donner vaut mieux que ce qu'on donne.

« Si j'ai aimé les pauvres, dit-il dans son testament spirituel, c'est, après Dieu, à mes parents que je le dois, car ils étaient heureux lorsqu'ils pouvaient les soulager. »

Quelle belle parole ! Comme la grandeur de cette âme éclate simplement dans ce remerciement adressé, au déclin de sa vie, à Dieu et à ses parents qui lui ont fait aimer les pauvres. Comme on sent que cet amour des pauvres a fait tout le bonheur de son existence. Et quelle humilité ! Ne semble-t-il pas dire : Ne me remerciez pas, c'est encore moi l'obligé ; ne croyez pas que j'aie eu quelque mérite à être bon et charitable, c'est à Dieu et à mes parents que je le dois.

Avec de pareils sentiments, la vocation de M. Naulin n'était pas douteuse. Pour pouvoir se consacrer tout aux pauvres, il devait être prêtre, revêtir ce costume qui est et sera toujours l'uniforme de l'armée du bien et de la charité. Dès qu'il est entré au grand séminaire, on le voit se dévouer tout entier à cet apostolat. Pendant ses vacances, il accompagne sa mère aux eaux de Bourbon-Lancy, il lui donne tous les soins que lui inspire son affectueuse sollicitude, mais, pendant ses loisirs, il va faire le catéchisme aux enfants pauvres des paroisses voisines.

Nommé vicaire de la cathédrale d'Autun, il commence son œuvre de sublime bienfaisance. Durant une année tout entière, il va, tous les soirs, en secret, panser les plaies répugnantes d'un vieillard pauvre, et, chaque soir, après l'avoir soigné, il laisse à ce malheureux un peu d'argent pour pourvoir à ses besoins. C'est l'indiscrétion reconnaissante de son protégé qui le trahit en révélant cet acte d'admirable charité!

Pendant son vicariat, il est chargé en même temps d'administrer la paroisse de Couhard, hameau voisin de la ville d'Autun. L'église de cette paroisse a été aliénée pendant la Révolution, et le jeune abbé souffre de n'avoir pas un asile convenable pour réunir les fidèles. Il rêve de rendre l'ancienne église au culte. C'est une entreprise malaisée. L'édifice appartient à quarante héritiers. Mais l'abbé Naulin est si bon, son zèle à visiter les malades et les affligés lui a conquis tant d'amitiés dans la paroisse que les quarante héritiers renoncent à leurs droits en sa faveur et que l'église peut être rendue au culte.

Allez à Couhard, le souvenir du vénérable abbé Naulin y est encore vénéré après cinquante ans passés.

Plus tard, M. Naulin est nommé professeur au petit séminaire d'Autun. Et ce fut un professeur modèle, aussi distingué par sa science qu'il était aimé pour sa bonté. Car M. Naulin n'était pas seulement un apôtre de charité, c'était aussi un homme de savoir et d'étude. Plus d'une fois, il a émerveillé ceux qui l'écoutaient, par la variété de ses connaissances, par l'abondance de ses souvenirs littéraires, par la culture, l'urbanité et la finesse de son esprit. Mais on oublie volontiers toutes ses autres qualités pour ne se souvenir que de sa bonté. Chez lui, elle a envahi tout l'homme, pareille à ce lierre qui enlace l'arbre de ses rameaux et finit par le recouvrir entièrement.

Nous retrouvons ensuite M. l'abbé Naulin, aumônier à l'Hôtel-Dieu de Chalon. Il fait adopter des réformes très utiles pour la bonne administration de l'établissement et pour le bien des pauvres.

Le bon curé avait gardé de son passage à Chalon le souvenir d'un touchant épisode qu'il aimait à conter.

Un jour, il rencontre dans la rue un enfant qui pleurait à chaudes larmes. Une bouteille en morceaux sur le pavé expliquait le chagrin de l'enfant qui n'osait rentrer chez lui : « Ne pleure pas, mon petit, lui dit l'abbé Naulin, je vais la raccommoder. » Et tirant de sa poche quelques pièces de monnaie, il les donne au bambin qui s'en va tout joyeux. A quelque temps de là, l'abbé Naulin voit venir à lui un brave ouvrier qui lui dit : « Votre bonté pour mon petit garçon m'a fait plaisir et je veux aussi, moi, vous être agréable. Je viens vous demander si vous voulez nous marier. » Et, en effet, quelque temps après, le brave ouvrier régularisait son union. C'est ainsi que la charité et ses exemples font souvent plus de prosélytes que les plus éloquents discours.

Nous retrouvons ensuite M. l'abbé Naulin comme curé de l'importante commune de Salornay-sur-Guye. C'est là qu'il donna asile dans son presbytère à deux émigrés espagnols qui avaient dû quitter leur pays après la révolution de la Granja. Cette révolution avait doté l'Espagne d'une nouvelle Constitution, ce qui faisait dire au poète José de Lara : « Nouvelle Pénélope, l'Espagne ne fait que tisser et détisser. Personne ne vend sa toile et personne ne fait de toile neuve. »

Le bon curé nourrit et abrita pendant longtemps ces deux exilés, victimes de la guerre civile. Il vivait pauvrement pour pouvoir procurer à ses hôtes un peu de bien-être. « Ils sont assez malheureux, disait-il, d'être loin de leur pays. »

En 1845, M. Naulin fut nommé curé-archiprêtre de Lugny. Sa charité a laissé là, comme partout, les plus précieux exemples et les meilleurs souvenirs. Et on raconte dans le pays plusieurs de ces actes où éclatait sa bonté. M. l'abbé Naulin, seul, les avait oubliés; cependant il avait gardé le souvenir d'un trait assez plaisant et dont il faisait le récit avec cette verve et cette admirable bonhomie qui donnaient tant de charme à ses paroles.

Un jour, il rencontre sur sa route un de ses paroissiens, bon homme qui avait le défaut d'aimer trop la bouteille. Le malheureux, cette fois, avait succombé sous le fardeau, et il était tombé dans un fossé où il sommeillait avec une douce insouciance. Apercevant cet homme étendu dans la boue, le bon curé s'émeut et s'approche : « Que faites-vous donc là, mon ami ? — Vous voyez, monsieur le Curé, pas grand'chose de bon. — Mais, vous ne pouvez pas rester là; il faut rentrer chez vous. — Je ne demanderais pas mieux, si vous vouliez m'aider. — Et voilà notre bon curé qui aide cet homme à se relever et le ramène à son domicile. Lorsque la ménagère vit rentrer son époux ivre et couvert de boue, elle se mit à crier et à tempêter. Et l'autre, jovial, de dire : « Ne crie pas, ma femme, c'est M. Naulin qui te ramène ton mouton. » Elle s'appelait Alabrebis.

Pendant qu'il était curé de Lugny, M. l'abbé Naulin fit restaurer l'église de la paroisse de Burgy dont il était également chargé. A cette époque aussi, il prêcha un grand nombre de retraites. Il ne lui manquait qu'un organe plus étendu, pour être un orateur des plus remarquables, mais sa foi ardente, sa science théologique, son cœur débordant de bonté, l'élégance sobre de son style, donnaient à sa parole une puissance considérable, et l'on a conservé le souvenir des missions qu'il prêcha de 1849 à 1853, dans les paroisses de Saint-Boil, Boyer, Jugy, Malay, Savigny-sur-Grosne, Chissey-en-Mâconnais, Fuissé, Solutré, Sologny, Bragny-sur-Saône, etc.

« Que d'âmes, écrit à ce sujet, un de ses confrères, que d'âmes de vieux pécheurs attirées et sauvées par lui ! Que d'âmes déjà chrétiennes confirmées dans la piété. Mais aussi que de fatigues, rien ne lui coûtait. A la suite de ces retraites, il rentrait à Lugny sans voix, sans force, pouvant à peine se soutenir. Il avait fait du bien, c'était sa grande récompense. »

Sa popularité, étayée sur la bonté et les services rendus, était déjà si grande à cette époque, qu'en 1849 une délégation vint lui proposer la candidature à la députation.

« Messieurs, répondit-il, je suis député de Dieu auprès des pauvres, cette tâche me suffit. »

Et il refusa simplement cet honneur.

Enfin, en 1854, il fut nommé curé de Saint-Pierre de Mâcon.

Ce qu'il a semé de bienfaits dans cette paroisse pendant ces trente-deux ans, Dieu seul pourrait le dire ! Que de fois on l'a vu, le soir, portant des vivres, des vêtements aux malheureux, dissimulant du pain ou des bouteilles de vin sous les plis de sa soutane, évitant les rencontres indiscrètes. Quand on faisait allusion devant lui à ces miracles d'une charité inépuisable dans ses ressources ingénieuses, il était gêné et il disait volontiers que c'étaient les mauvaises langues qui faisaient courir ces bruits-là. Croiriez-vous, s'écriait-il, qu'on va jusqu'à raconter qu'on m'a vu, la nuit, portant sur mon dos un matelas ? J'ai pu distribuer des matelas que des personnes généreuses m'avaient donnés à cette intention, mais je n'en ai jamais porté moi-même. — On ne prête qu'aux riches, bon curé, aurait-on pu lui répondre. Si on le dit, c'est que l'on vous en sait capable.

Mais voici, entre mille, deux traits authentiques et assez récents. Un jour d'hiver, c'était, je crois, pendant le rigoureux hiver de 1880, le bon curé trouve dans la rue Dufour un vieillard qui implore sa charité. L'abbé Naulin lui donne quelque monnaie, puis il s'aperçoit que le malheureux a les pieds à moitié nus. « Mais vous devez geler, malheureux, lui dit-il. Attendez. »

Et il entre dans le corridor voisin, se déchausse, donne ses souliers au pauvre : « Tenez, mon ami, mettez cela, dit-il, je crois qu'ils vous iront ; quant à moi, je demeure à deux pas d'ici, je serai bientôt rentré et j'ai un bon feu qui m'attend. » Et le voilà parti, laissant le pauvre ému jusqu'aux larmes et pouvant à peine balbutier un remerciement. Puis il s'achemine rapidement vers le presbytère, se courbant, se baissant de manière à ce que les plis de sa soutane empêchent de voir ses pieds nus.

L'autre trait n'est pas moins touchant. La sœur du bon curé étant venue le voir, avait remarqué que ses chemises étaient presque en lambeaux ; elle s'empressa de lui en faire confectionner six en belle et bonne toile. A quelque temps de là, comme elle était revenue, elle passa en revue le linge de son frère, elle chercha les chemises neuves sans pouvoir les trouver.

Qu'avez-vous donc fait de vos chemises ? lui dit-elle. — Le bon curé ne souffle mot. — Vous les avez bien sûr données ? — Même silence. — Si, au moins, reprend-elle, vous aviez donné les vieilles. — Et lui de répondre cette fois : « Ah oui ! je leur aurais fait un joli cadeau. » Bon curé, ces chemises déchirées ne valaient rien pour les pauvres, mais elles étaient bonnes pour vous.

C'est par centaines qu'on pourrait trouver des traits de ce genre dans la vie de l'abbé Naulin et surtout pendant le temps qu'il a passé à Mâcon. Il aimait tellement sa paroisse qu'il ne la quittait que pour des raisons absolument impérieuses. Le croirez-vous ? Pendant ces 32 ans, il ne fit que trois voyages : l'un à Lyon, afin de toucher une souscription de 10,000 fr. qui lui avait été promise pour la construction de son église ; les deux autres à Paris, le premier à l'occasion du procès relatif à la béatification de Marguerite-Marie Alacoque, le deuxième afin de solliciter l'autorisation pour la souscription en faveur de Lamartine.

C'était à l'époque où le grand poète, la gloire de

notre Mâconnais, expiait par des revers de fortune immérités le tort d'avoir été trop bon, lui aussi. L'abbé Naulin éprouvait pour Lamartine une admiration qui ne s'est jamais démentie.

Et il l'aima davange encore lorsqu'il le sut malheureux.

C'est le propre des grandes âmes de voir leur affection grandir sous le souffle de l'adversité qui frappe leurs amis. Aussi le bon curé, l'homme simple plus habitué à entendre les plaintes des malheureux qu'au langage des cours, n'hésita pas à partir pour Paris et à aller directement trouver l'Empereur afin de solliciter l'autorisation demandée.

Pendant son séjour à Paris, il allait souvent s'asseoir à la table du cardinal Morlot. Lors du voyage qu'il fit pour la souscription Lamartine, pressé par les circonstances, il était parti à la veille de la semaine sainte. Le cardinal manifesta son étonnement de voir le curé d'une paroisse aussi importante, à Paris, le jour d'une solennité comme celle des Rameaux : « Eminence, se contenta de répondre le bon curé, *res sacra miser !* »

Ces deux belles âmes, celle du grand poète et celle du bon curé, qui avaient toutes les deux le génie de la bonté, étaient faites pour sympathiser. Lamartine avait voué à M. Naulin une profonde affection, comme le témoignent plusieurs lettres adressées par lui au curé de Saint-Pierre.

Je serais même tenté de croire que c'est M. Naulin qu'il a pris pour modèle lorsqu'il a tracé, dans sa langue immortelle, ce magnifique portrait :

« Il est un homme dans chaque paroisse, qui n'a point de famille, mais qui est de la famille de tout le monde, qu'on appelle comme témoin, comme conseil ou comme agent dans tous les actes les plus solennels de la vie civile ; sans lequel on ne peut naître, ni mourir ; qui prend l'homme au sein de sa mère et ne le laisse qu'à la tombe ; qui bénit ou consacre le berceau, la couche conjugale, le lit de mort et le cercueil ; un homme que les petits enfants s'accoutument à vénérer et à craindre ; que les inconnus mêmes appellent mon père ; aux pieds duquel les chrétiens vont répandre leurs aveux les plus intimes, leurs larmes les plus secrètes, un homme qui est le consolateur par état de toutes les misères de l'âme et du corps, l'intermédiaire obligé de la richesse et de l'indigence ; qui voit le pauvre et le riche frapper tour à tour à sa porte : le riche pour y verser l'aumône secrète, le pauvre pour la recevoir sans rougir ; qui n'étant d'aucun rang social tient également à toutes les classes, aux classes inférieures par la vie pauvre et souvent par l'humilité de la naissance ; aux classes élevées par l'éducation, la science et l'élévation des sentiments qu'une religion philanthropique inspire et commande ; un homme enfin qui sait tout, qui a le droit de tout dire et dont la parole tombe de haut sur les intelligences et sur les cœurs, avec l'autorité d'une mission divine et l'empire d'une foi toute faite. Cet homme, c'est le curé. »

Vous ajouterez avec moi : C'est le curé de Saint-Pierre ! Beaucoup d'autres aujourd'hui encore accomplissent cette sublime et difficile mission dont Lamartine a si bien embrassé et décrit les devoirs si variés dans leur immensité, mais nul ne l'a fait mieux que M. Naulin. Pendant 32 ans, il a été à Mâcon la personnification de ce portrait si ressemblant qu'il paraît avoir été fait à son image.

La mémoire des hommes de bien disparaît vite ; on oublie rapidement ces glorieux champions de la charité, et les victoires que leur industrieuse bienfaisance a remportées sur la misère. Il se pourrait donc que, d'ici à quelques années, le souvenir de l'abbé Naulin, de cet homme qui fut grand entre tous par le cœur, disparût, s'éteignît, si l'église Saint-Pierre, l'impérissable monument dû à sa persévérance infatigable, n'était là pour rappeler son nom.

Deux grandes œuvres se partagèrent la vie de l'abbé Naulin : la lutte contre la misère, la construction et l'embellissement de l'église Saint-Pierre.

Nous avons essayé de dire ce que l'abbé Naulin avait fait pour les pauvres, nous sommes restés bien au dessous de la vérité parce que le plus grand nombre de ces belles actions sont restées cachées.

On ne saura jamais tout ce que le bon curé a enfoui dans ces poches vastes, profondes, réservoir ingénieux et discret de sa bonté. « Vous déchirez toujours vos poches, » lui disait sa sœur, et il ne répondait que par ce fin et discret sourire qui donnait tant de charme à sa physionomie. Dernièrement, à l'Académie française, M. Pailleron s'adressant à l'auteur de l'*Abbé Constantin* lui disait :

« Vous avez fait un bien autre tour de force, Monsieur : dans un de vos livres, vous avez réhabilité la vertu ! Vous avez entrepris de la faire aimer par elle-même et pour elle-même. C'était là de l'audace, d'aucuns disent de l'habileté parce que vous avez réussi ; mais qui eût été assez habile pour prévoir, par le temps qui court, le succès d'une pareille tentative ? Personne... pas même vous.

» Car enfin, si pénible que soit l'aveu, il faut bien le faire ; si peu académique que soit le mot, il faut bien le dire : La vertu n'est plus dans le mouvement. »

M. Ludovic Halévy n'a écrit qu'un livre pour faire aimer la vertu, M. l'abbé Naulin a fait bien davantage, il a dépensé toute une vie à prouver que « la vertu est encore dans le mouvement » et, quoique son nom soit plus obscur, son mérite est incomparablement plus grand.

Après cette trop rapide esquisse sur la charité du bon curé, il me reste à vous retracer ce que j'appellerai le deuxième chapitre de la vie de l'abbé Naulin : la construction de l'église Saint-Pierre.

II

CONSTRUCTION DE L'ÉGLISE ST-PIERRE

L'église Saint-Pierre est l'ornement de Mâcon. De toutes les collines qui dominent la Saône on aperçoit ses deux flèches de pierre qui se dressent fièrement et proclament la gloire de Dieu. C'est un magnifique acte de foi opposé à l'acte de folie révolutionnaire qui décapita le Vieux-Saint-Vincent, cet autre joyau d'architecture religieuse.

Bâtie d'après les plans de l'architecte Berthier, un véritable artiste qui serait digne d'une renommée plus grande, l'église Saint-Pierre est aujourd'hui l'un des plus beaux et des plus purs types du style roman qui, s'il n'a pas le charme féerique, la sveltesse, les poétiques hardiesses du style gothique, semble par ses allures à la fois grandioses et sévères mieux convenir pour le culte divin.

La ville de Mâcon est justement fière de ce magnifique édifice qui fait l'admiration des étrangers. Cet orgueil est légitime, car seule la ville a supporté les dépenses considérables qu'a entraînées la construction de cette belle église. Ces dépenses se sont élevées à plus de un million cent mille francs. Sur cette somme l'Etat n'a donné qu'une subvention de 10,000 francs, le reste a été fourni par le conseil municipal, par la Fabrique de Saint-Pierre et par la générosité des habitants qui se sont imposé de lourds sacrifices.

Mais quel fut le grand metteur en œuvre ? Quel fut l'homme qui sut inspirer à tous l'invincible foi dont il était animé, qui ne fut jamais découragé, bravant tous les obstacles, relevant toutes les défaillances, multipliant les démarches, quêtant, sollicitant sans cesse, sans être jamais regardé comme un importun, parce qu'il était aimé pour sa bonté, pour ses vertus, parce qu'il savait communiquer à tous une part de son zèle pour la gloire de Dieu ? Vous l'avez deviné : le grand artisan de cette grande œuvre, ce fut l'abbé Naulin.

Le simple récit de tous les efforts qu'il a fallu pour mener à bien cette grande entreprise sera plus éloquent que toutes les paroles.

C'est en 1846 que l'on commença à parler de la reconstruction de l'église Saint-Pierre. M. l'abbé Tailland était alors curé de la paroisse qui avait comme lieu de prière et de réunion l'ancienne chapelle des Cordeliers, située rue Municipale.

Cette chapelle était dans l'état de délabrement le plus complet, les murs tombaient de vétusté, elle était éloignée du centre de la paroisse et, de plus, ses dimensions étaient tout à fait insuffisantes. A ces graves inconvénients était venu s'en joindre un autre plus grave encore. Pendant la grande crue de 1840, les eaux de la Saône avaient envahi la vieille chapelle à une hauteur d'un mètre et elles y avaient séjourné pendant quinze jours, achevant de ruiner l'édifice et y laissant une humidité des plus pernicieuses pour la santé des fidèles. On ne pouvait songer ni à restaurer ni à reconstruire en l'agrandissant ce vieil édifice peu central.

On pensa, avec raison, qu'il serait préférable de construire la nouvelle église sur un plan plus vaste, en face de l'Hôtel de Ville, ce coquet monument du XVIIIe siècle. M. l'abbé Tailland lança l'idée et fit appel à la générosité des habitants de Mâcon ; les promesses de souscription atteignirent en peu de temps 60,000 francs. Cet empressement attestait le vif désir des Mâconnais d'avoir une église nouvelle digne de leur ville.

Le conseil municipal ne pouvait rester insensible à ce vœu si manifeste de la population, mais il venait de faire de grosses dépenses pour la restauration et l'agrandissement du collège (aujourd'hui Lycée Lamartine) et il lui était impossible pour le moment de s'associer par une subvention à cette grande et coûteuse entreprise.

On renonça donc à l'œuvre, et pendant six années, le projet dormit. Enfin, en 1852, sur les instances de l'abbé Tailland, le conseil de Fabrique de Saint-Pierre demanda de nouveau la construction d'une nouvelle église qui serait située en face de l'Hôtel de Ville. A l'appui de cette demande, le conseil de Fabrique présentait des plans et devis pour un monument gothique, plans dressés par M. Dupasquier, architecte à Lyon.

Le 21 décembre 1852, le conseil municipal de Mâcon, à l'unanimité, approuvait le plan proposé par le conseil de Fabrique et qui consistait à ouvrir à l'ouest de l'Hôtel de Ville une petite place publique au fond de laquelle serait élevée la nouvelle église. Le conseil municipal décidait en outre que l'on déclarerait d'utilité publique l'acquisition de toutes les propriétés privées nécessaires à l'exécution de ce plan. Il proposait également d'affecter à la dépense d'acquisition de ces propriétés et de la construction de l'église nouvelle une somme de 250,000 payable par 25,000 fr. chaque année, à partir de 1855. Toutefois le conseil mettait à cette subvention les deux conditions suivantes : 1° la Fabrique de St-Pierre, au moyen de souscriptions particulières et de toutes autres ressources qu'elle pourrait se procurer, concourrait à la dépense totale pour une somme de 150,000 fr.; 2° la Fabrique de Saint-Pierre solliciterait et obtiendrait de la munificence du Gouvernement un ou plusieurs secours s'élevant ensemble à environ le tiers de la dépense totale.

Le 17 février 1853, le conseil de Fabrique acceptait les conditions qui lui étaient imposées, s'engageait à verser sa part contributive de 150,000 fr. en dix annuités, décidait de faire rentrer les souscriptions promises et d'en provoquer de nouvelles.

L'affaire semblait bien engagée. Mais tout de

suite des obstacles surgirent. En premier lieu, on dut renoncer aux plans de l'architecte Dupasquier[1]. M. Berthier fut chargé de dresser de nouveaux plans. Ceux-ci furent approuvés successivement par le conseil municipal et le conseil de Fabrique.

Les choses en étaient là lorsque M. l'abbé Tailland étant mort dans le courant de l'année 1854, M. l'abbé Naulin fut choisi pour lui succéder.

Rien n'était fait. On n'avait que des projets et des promesses. L'abbé Naulin se mit immédiatement à l'œuvre pour réaliser la lourde entreprise que lui avait léguée son prédécesseur.

Dès le principe, il se heurta à une grosse déception. Le conseil municipal et le conseil de Fabrique espéraient, de la munificence du Gouvernement, une subvention de 200,000 fr. Or, le 16 novembre 1854, une lettre adressée par le ministre de l'instruction publique au maire de Mâcon informait ce dernier que le secours sollicité était trop important pour pouvoir être accordé sur les fonds affectés aux édifices paroissiaux.

Tout se trouvait remis en question. Après ce gros déboire, tout autre, à la place de l'abbé Naulin, eût perdu courage. Lui, point. A force de démarches et de sollicitations, il parvint à décider le conseil municipal à se lancer dans l'entreprise malgré l'insuffisance des ressources. « Nous n'avons

1. Il en résulta plus tard un procès. Et la Fabrique de Saint-Pierre fut condamnée par le conseil de préfecture et le conseil d'Etat à payer à M. Dupasquier une indemnité de 3,500 fr.

que 400,000 fr., disait-il, nous ne dépenserons que 400,000 fr. Nous ajournerons la construction des chapelles autour du chœur, de l'une des sacristies, des tours à partir du niveau de la toiture, et les sculptures intérieures et extérieures. Et pendant que l'on fera ce premier travail, la Providence et la générosité des Mâconnais nous viendront en aide. »

L'abbé Naulin réussit à faire adopter sa proposition. Il fut convenu qu'on s'en tiendrait à la construction des parties principales et indispensables de l'édifice. En outre, l'architecte, M. Berthier, fut chargé de dresser de nouveaux plans substituant le style roman au style gothique, ce qui devait diminuer la dépense d'un cinquième. Bref, à la fin de l'année 1857, les maisons qui occupaient l'emplacement de la future église furent achetées par la ville ; elles furent payées 64,000 fr. L'une d'elles appartenait à la Fabrique de Saint-Pierre qui la donna en plus de sa part contributive de 150,000 fr.

Enfin, au mois de septembre 1858, les travaux de construction étaient mis en adjudication. MM. Quarré frères, entrepreneurs, furent les adjudicataires. On se met aussitôt à l'œuvre, et le 24 juillet 1859, Mgr de Marguerye posait la première pierre du monument. Mgr de Mazenod, évêque de Marseille et sénateur, Mgr de Langalerie, évêque de Belley, et plus tard archevêque d'Auch, décédé récemment, M. Ponsard, préfet de Saône-et-Loire, M. l'abbé Thomas, vicaire général d'Autun, aujourd'hui archevêque de Rouen, M. l'abbé Naulin, curé de Saint-Pierre et M. l'abbé Tachon, provicaire de Saint-Vincent, M. Lucotte, maire de Mâcon, M. Berthier, architecte, MM. A. de Surigny, comte de Murard, François Desmarquest, C. de Borde, Chalandon-Teyras, Testot-Ferry, Chambard, fabriciens, ainsi qu'un grand nombre de prêtres et une foule considérable de fidèles, assistaient à cette cérémonie dont nous donnons ci-dessous le procès-verbal [1]. Une petite cassette de plomb scellée dans la première pierre contient : 1° une petite croix

1. *Procès-verbal de la pose de la première pierre de la nouvelle église de Saint-Pierre.*

In Dei nomine. Amen.

Præsenti publico instrumento cunctis notum sit quod anno a Nativitate Christi millesimo octingentesimo quinquagesimo nono, Pontificatûs autem sanctissimi in Christo Patris et Domini nostri Pii Papæ noni, anno decimo quarto, imperante Francis Napoleone tertio, Æduensem ecclesiam regente Ill. ac. Rev. D. D. Frederico Gabriele Francisco de Marguerye, Prælato solio pontifici assistente, indictione secunda, Dominica sexta post Pentecostem, die vero Mensis Julii vigesima quarta, hora quinta promeridiana.

Ill. et Rev. D. D. prælaudatus antistes Æduensis, Cabillonensis et Matisconensis, in Pontificalibus cælebrans, benedixit et posuit primarium lapidem et fundamenta exsurgentis in civitate matiscone ecclesiæ parochialis sancti Petri apostolorum principis titulo dicandæ, cujus erectio nonnullis ab annis parata studio bonæ memoriæ venerabilis viri Claudii Tailland, præmemoratæ parochiæ archipræsbyteri canonici honorarii æduensis, et successoris ejus venerabilis viri Joannis Claudii Naulin operæ inchoata feliciter, faventis Gubernii munificentia, adjuvantibus quoque tùm civitatis en bois des oliviers de Gethsemani ; 2° un fragment de pierre de ce même jardin ; 3° un fragment

ærario, tùm fidelium copiosis liberalitatibus, consummanda speratur.

At verò primarium intra lapidem, deposita fuit arcula plumbea continens :

1° Parvam crucem ligneam ex olivis Gethsemani ;
2° Fragmentum lapidis ejusdem horti ;
3° Item columnæ flagellationis D. N. J. Christi ;
4° Item rupis ascensionis Domini ;
5° Item ex lapidibus opificinæ sancti Joseph ;
6° Item ex arenis crucifixionis sancti Petri apostoli ;
7° Item rupis speluncæ sancti Hieronimi ;
8° Item speluncæ sanctæ Paulæ, in Bethleem.

Astiterunt huic benedictioni clarus et populus ingens quos inter :

Ill. et R. D. D. Eugenius de Mazenod, antistes Massiliensis, prælatus solio pontificio assistens et senatoria dignitate insignitus ;

Ill. et R. D. D. Petrus Henricus de Langalerie, antistes Bellicensis, venerabilis vir Ludovic Thomas, vicarius generalis æduensis, venerabilis vir Joannes Tachon, provicarius necnon parochus sancti Vincentii ; venerabilis vir Joannes Claudius Naulin, canonicus honorarius æduensis, archipræsbyter sancti Petri, necnon Hippolytus Ponsard, districtûs Araris et Ligeris præfectus, Lucotte, primus urbis magistratus, Andreas Berthier, architectus, A. de Surigny, de Murard, de Borde, Testot-Ferry, Foillard, Desmarquest, Chambard, Chalandon, matricularii ecclesiæ. In quorum fidem descriptum est præsens instrumentum in regestis parochiolitus sancti Petri Matisconensis, ejusque exemplar in arcula plumbea supra dicta depositum.

Actum Matiscone, die, mense, anno quibus supra.

Eugenius, episcopus Massiliensis, Petrus-Henricus, episcopus Bellicensis, Fredericus, episcopus Æduensis, Cabillonensis et Matisconensis, Ponsard, Lucotte, Naulin, parochus sancti Petri, Tachon, H. de Surigny, Berthier, L. Thomas, v. g. æ., V. de Murard, François Desmarquest, Foillard, C. de Borde, Chalandon-Teyras, Testot-Ferry, Chambard.

de la colonne de la flagellation de Jésus-Christ ; 4° un fragment du rocher de l'Ascension de Notre-Seigneur ; 5° un fragment des pierres de l'atelier de Saint-Joseph ; 6° un fragment des arènes où fut crucifié l'apôtre Saint-Pierre ; 7° un fragment du rocher de la grotte de saint Jérôme ; 8° un fragment de la grotte de sainte Paule, à Bethléem ; 9° enfin un exemplaire du procès-verbal de la cérémonie.

L'œuvre est en train. Pendant quelque temps les travaux marchent régulièrement, mais bientôt, en 1860, les entrepreneurs déclarent qu'il leur est impossible de continuer : la ville ne met à leur disposition qu'une annuité de 25,000 fr., somme tout à fait insuffisante pour occuper utilement le grand nombre d'ouvriers qu'ils sont obligés de conserver.

M. l'abbé Naulin, puissamment secondé d'ailleurs par ses fabriciens dont on a lu plus haut les noms, ne se laisse pas arrêter par ce nouvel obstacle. La Fabrique a déjà versé 100,000 fr. sur les 150,000 francs promis par elle. Elle fait un emprunt de 57,000 fr. pour parfaire sa subvention. En outre, elle se charge de procurer aux frères Quarré des cessionnaires pour leurs annuités. Les frères Quarré ont ainsi à leur disposition un capital de 125,000 francs pour la campagne de 1860. L'œuvre peut continuer. Pendant cette même année, l'empereur et l'impératrice passent à Mâcon. L'abbé Naulin pense aussitôt que c'est là une occasion inespérée d'obtenir pour sa chère entreprise un concours précieux. Il se rend donc au devant du souverain et lui adresse l'allocution suivante :

Sire,

La faveur que vous nous accordez aujourd'hui réveille un souvenir bien cher aux habitants de la ville de Mâcon ; c'est celui du passage de Napoléon Ier, lorsqu'il se rendait à Milan pour y recevoir la couronne de fer. En parcourant les rues de notre cité, il fut douloureusement ému en voyant les ruines des édifices religieux qui la décoraient autrefois et en apprenant que les fidèles des deux paroisses qui composaient alors la ville étaient obligés de se réunir à des heures différentes dans la chapelle d'un couvent, échappée au marteau révolutionnaire. Il dota la paroisse de Saint-Vincent de l'église qu'elle possède aujourd'hui.

C'était un grand bienfait que personne n'a oublié ; mais, Sire, la paroisse de Saint-Pierre, la plus populeuse de la ville, est restée sans église ; elle n'a pas d'autre lieu de réunion que la chapelle des Cordeliers, chapelle qui tombait déjà en ruines avant la Révolution. Soixante-dix ans se sont écoulés sans qu'on y ait fait aucune réparation importante. Son exiguïté, son insalubrité et son état inquiétant de détérioration ont forcé le conseil de Fabrique à prier l'administration municipale de s'occuper de la construction d'une nouvelle église paroissiale.

Puissamment secondée par notre excellent préfet, dont le concours bienveillant est toujours acquis aux œuvres utiles, aidée par les dons généreux de tous les habitants de la ville, cette administration s'est mise à l'œuvre, quoique des charges bien lourdes pesassent sur elle ; mais, malgré tous ces efforts réunis, les travaux commencés ont été suspendus au commencement de cette année pendant plus de deux mois et de nombreux et honnêtes ouvriers ont souffert de cette suspension.

Sire, notre entreprise pourrait être taxée de témérité si la nécessité connaissait des lois et si nous pouvions ignorer votre zèle pour la religion et votre ardent désir de procurer partout du travail aux ouvriers laborieux et intelligents ; vous avez déjà fait beaucoup pour des entreprises de ce genre et nous devrions craindre de paraître indiscrets ; mais vous nous pardonnerez, Sire, la douce illusion où sont tous les peuples gouvernés par de bons princes ; ils croient toujours que leurs ressources sont inépuisables comme celles de la Providence dont ils leur retracent l'image.

Sire, notre espoir ne sera point trompé.

M. Ponsard, préfet de Saône-et-Loire, appuya la demande de M. l'abbé Naulin auquel, dit-il, 200,000 fr. seraient nécessaires pour terminer son église. L'empereur promit de laisser un souvenir de son passage à Mâcon et de faire les recommandations nécessaires au ministre des Cultes. Mais, hélas ! le secours accordé fut bien minime, il fut de 10,000 fr. seulement.

C'est à cette occasion que l'empereur décora de sa main le vénérable abbé Naulin. Cette distinction si méritée fut accueillie avec enthousiasme par la ville tout entière ; elle donna lieu à une manifestation dont nous trouvons le récit dans le *Journal de Saône-et-Loire* du 29 août 1860.

« Vendredi dernier, dit ce journal, en quittant

la gare, après le passage de Leurs Majestés, la Société chorale de Mâcon s'est rendue spontanément, bannière en tête, au domicile de M. le curé Naulin, pour lui exprimer les sentiments de joie avec lesquels a été accueillie par elle sa nomination dans l'ordre de la Légion d'honneur. Elle a exécuté deux chœurs sous les fenêtres de ce digne ecclésiastique qui malheureusement était absent et n'a pu recevoir en personne ce témoignage d'estime et d'affection.

» Une foule considérable s'était réunie aux choristes, et s'est associée par de chaleureuses acclamations à la touchante manifestation de notre Société chorale qui, en cette circonstance, n'a fait que traduire d'une manière harmonieuse les sentiments de la population mâconnaise. Déjà, à la gare, lorsque M. le curé Naulin, précédant le nombreux cortège d'ecclésiastiques venus des environs pour saluer l'empereur et l'impératrice, avait paru devant la multitude, avec la croix à la boutonnière, des applaudissements énergiques l'avaient accueilli au passage et avaient exprimé de la manière la plus flatteuse pour le digne pasteur de la paroisse de Saint-Pierre l'impression unanime de la ville. »

L'abbé Naulin comptait beaucoup sur cette démarche auprès du souverain, il espérait qu'une grosse subvention — cent, peut-être deux cent mille francs — viendrait aider la ville et la Fabrique de Saint-Pierre et diminuer d'autant les charges de ses paroissiens. Le peu d'importance de la somme allouée — 10,000 francs — lui causa une grande déception. Mais il était de ceux qui ne se découragent jamais. Soutenu par le zèle de ses fabriciens, par l'affection unanime qui l'entoure, il se remet à l'œuvre. Le 3 janvier 1864, sous son impulsion, la Fabrique de Saint-Pierre décide de se charger des frais du dallage de la nouvelle église, c'est une dépense nouvelle de 22,000 fr. qu'elle prend à son compte.

Enfin, nous voici aux derniers mois de l'année 1864, le vaisseau de l'église est sur le point d'être terminé : la ville a dépassé ses premiers engagements, elle a pris à sa charge la construction des chapelles autour du chœur, et de la seconde sacristie, et les dépenses de menuiserie, de vitrerie et de serrurerie. Les entrepreneurs ont promis que l'édifice pourrait être livré au culte le 1er mars 1865. Mais pas de tours, pas de clochers!

Si l'on interrompt l'œuvre quand sera-t-elle achevée? quand sera-t-elle reprise? L'abbé Naulin se pose anxieusement ces questions; il est de ceux qui pensent que rien n'est fait tant qu'il reste quelque chose à faire; il demande au conseil de Fabrique un dernier sacrifice et, le 26 novembre 1864, celui-ci prend une délibération ainsi conçue :

« M. le Curé fait observer au Conseil qu'il est grandement à regretter que les dépenses si considérables que la ville a été obligée de faire depuis quelques années ne lui aient pas permis de terminer ce magnifique monument, mais qu'il y a lieu de croire que si la Fabrique pouvait ajouter, à la charge déjà si lourde qui pèse sur elle, l'engagement de payer la moitié de la dépense nécessaire à l'achèvement des clochers, le conseil municipal ferait probablement un nouveau sacrifice et se chargerait de l'autre moitié.

» Le conseil de Fabrique, après en avoir mûrement délibéré et comptant sur un nouveau concours des fidèles et du Gouvernement, qu'il se propose de solliciter, est d'avis à l'unanimité : 1° de se charger de la moitié de la dépense que nécessitera la construction des clochers de la nouvelle église, 2° et de prier M. le Maire de communiquer cette résolution au conseil municipal en lui demandant de vouloir bien se charger de l'autre moitié. »

Quelques jours après, le conseil municipal accédait à cette proposition. La construction des clochers était décidée : l'œuvre avait son couronnement.

On devine quelle fut la joie de M. le curé Naulin en apprenant qu'il avait enfin triomphé de tous les obstacles. On trouve l'expression discrètement contenue de ce bonheur dans la note suivante écrite par lui sur le registre des délibérations de la Fabrique :

« M. le Curé de Saint-Pierre ayant envoyé une copie de la délibération qui précède à M. le Maire de la ville de Mâcon, le conseil municipal, dans sa séance du huit décembre mil huit cent soixante-quatre (fête de l'Immaculée-Conception de la Sainte-Vierge), décide *à l'unanimité* qu'il prend à sa charge la moitié de la dépense que nécessitera la construction des clochers. Par ce vote, l'achèvement immédiat de la nouvelle église se trouve décidé, *dix ans après la reprise du projet de M. Tailland par son successeur, dix-huit ans après la première délibération relative à cette construction, cinq ans après la pose de la première pierre.* »

Enfin, le 29 juin 1865, la nouvelle église était solennellement consacrée par Mgr de Langalerie, évêque de Belley. Le *Journal de Saône-et-Loire* rendit compte en ces termes de cette belle cérémonie :

« Jeudi dernier a eu lieu avec une grande solennité, sous les auspices de Mgr l'évêque de Belley, la consécration de la belle église de Saint-Pierre dont la construction commencée, il y a six ans, va bientôt toucher à son terme.

» Les principaux fonctionnaires et les notabilités de la ville avaient été invités à assister à cette cérémonie. Une foule nombreuse se pressait dans l'enceinte ; toutes les tribunes étaient garnies.

» Après avoir dit les oraisons, Mgr de Belley a prononcé une éloquente allocution. Il a célébré la grandeur majestueuse de l'édifice, œuvre de foi à laquelle toute la population a voulu concourir avec un admirable empressement.

» Le premier magistrat du département, le conseil de Fabrique, l'administration municipale ont reçu de précieux hommages de la bouche du vénérable prélat. M. le curé Naulin, que tant de respect et de sympathies entourent à Mâcon, ne pouvait pas être oublié. Avec quelle sainte chaleur Mgr de Langalerie a parlé du zèle infatigable et des vertus évangéliques de ce digne pasteur ! C'était pour l'auditoire une grande joie que les premières paroles prononcées dans la nouvelle église fussent un éloge de ce bon prêtre.

» Mgr l'évêque d'Autun a fait ressortir en quelques mots l'éclatante signification des manifestations religieuses qui signalent notre époque et qui attestent la recrudescence de la foi, malgré les efforts des ennemis de l'Eglise.

» Une messe basse a été dite après la consécration du monument. Des morceaux d'harmonie ont été exécutés par la musique des sapeurs-pompiers.

» Le soir, aux vêpres, Mgr de Marguerye a officié. On avait annoncé un sermon par le R. P. Souaillard. L'éminent prédicateur a, en effet, été entendu. Sa parole a vivement impressionné l'assemblée.

» Un banquet offert par le conseil de Fabrique dans le grand salon de l'Hôtel de Ville a couronné la fête.

» Désormais, c'est dans la nouvelle église que sera célébré le culte divin. La ville de Mâcon possède enfin un monument religieux en rapport avec son importance et digne d'être la maison du Seigneur. Les générations futures nous seront reconnaissantes de le leur avoir légué, et elles garderont avec le souvenir de M. Berthier, l'habile architecte qui l'a conçu, celui des souscripteurs dont la munificence en a assuré l'exécution. »

Mais, l'église achevée, il restait à la meubler et à lui donner une ornementation digne d'elle. Le bon curé Naulin se remit à l'œuvre ; l'affection mêlée de vénération qu'il inspirait à tous produisit des merveilles et suscita une véritable émulation de générosité, à laquelle on doit la table de communion, le maître-autel, la chaire, les sculptures des piliers intérieurs et extérieurs, l'ornementation des treize chapelles. Ces dépenses s'élevèrent à plus de 126,000 fr. Il nous sera permis de signaler à la reconnaissance publique les noms des principaux donateurs : ce sont M. le comte de Murard[1] ; M. Galichon[2] ; M. de Maizod[3] ; M. Lanier[4] ; M. le comte de Barbentane[5] ; M. du Sordet[6] ; M. l'abbé Grillot[7] ; M. Valfort[8] ; Mme de Rémondange[9] ; la famille Puy[10]; M. Nuguet[11]; Mme Dufour-Tuffet[12], etc.

1. Ornementation de la chapelle de la Sainte-Vierge.
2. Maitre-autel.
3. La table de communion.
4. La chaire.
5. La chapelle Saint-Louis.
6. La chapelle du Sacré-Cœur.
7. La chapelle Notre-Dame-de-Lorette.
8. La chapelle Saint-Georges.
9. La chapelle Sainte-Madeleine.
10. La chapelle Saint-Nicolas.
11. La chapelle Saint-Benoît.
12. La chapelle Sainte-Claire.

La dépense totale pour la construction et l'ornementation de l'église Saint-Pierre atteignit 1,100,719 fr. La part de la ville s'éleva à 683,651 francs ; l'Etat donna 10,000 fr. ; le département 500 fr. pour l'ameublement ; le surplus, soit 406,568 fr., fut supporté par la Fabrique qui reçut 175,687 fr. de souscriptions et offrandes diverses. Si l'on ajoute à cette somme les 126,300 fr. d'ameublement et d'ornementation, frais qui furent supportés par des particuliers, on voit que c'est 301,090 fr. que le zèle du bon curé avait obtenus pour la gloire de Dieu. Cette somme énorme, eu égard à la population de Mâcon, ne suffisait pas à couvrir les dépenses et il restait dû plus de 100,000 fr. par la Fabrique. Le bon curé fit un nouvel appel à la générosité des paroissiens et, le 4 juillet 1875, il pouvait annoncer au conseil de Fabrique qu'il avait obtenu des promesses et engagements jusqu'à concurrence de 92,500 fr.

L'année dernière enfin, il avait achevé son œuvre, la dette était entièrement liquidée. Le bon curé pouvait mourir, lui, si pauvre qu'il n'avait pas de quoi subvenir à ses funérailles, il laissait un impérissable monument de son zèle et de sa charité.

Chaque fois que l'on passe devant cette magnifique église, ornement de notre cité, on évoque, malgré soi, l'image de l'abbé Naulin ; elle plane autour de ces clochers dont la robuste élégance semble vouloir porter jusqu'au ciel un témoignage de la piété des Mâconnais.

Pour compléter ce que je viens de dire sur l'église Saint-Pierre, je crois nécessaire de donner quelques renseignements très sommaires sur l'ornementation intérieure de l'église et des chapelles.

La chaire à prêcher qui fut donnée par M. Lanier est toute en pierre et d'une construction élégante. Elle contient plusieurs bas-reliefs représentant des scènes de la vie du prince des apôtres.

Le maître-autel est superbe, les sculptures ont été exécutées par M. l'abbé Ritter, curé de Saint-Laurent-lès-Mâcon. C'est un don de M. Galichon.

La plus belle des chapelles et la plus richement décorée est celle de la Sainte-Vierge. En dehors des fresques de Beuchot, on y remarque des grisailles de toute beauté, un autel privilégié (en marbre doré) surmonté d'une magnifique statue de la Sainte-Vierge, véritable œuvre d'art, qui n'a pas coûté moins de 30,000 fr. Les peintures de l'une des fresques représentent la consécration de l'église Saint-Pierre; on y voit au premier plan les deux évêques consécrateurs, Mgr de Marguerye et Mgr de Langalerie, plus loin M. le curé Naulin à genoux, puis M. Berthier, l'architecte, tenant un plan de l'église. C'est, comme nous l'avons dit, M. le comte de Murard qui a fait tous les frais de l'ornementation de cette magnifique chapelle.

Les chapelles de Sainte-Symphorose, de Sainte-Claire, de Saint-Vincent-de-Paul, de Sainte-Philomène, de Notre-Dame-de-Lorette, de Saint-Nicolas contiennent des peintures de M. Krug, l'excellent artiste mâconnais. La plus remarquable de toutes est, sans contredit, le martyre de Sainte-Symphorose qui valut à M. Krug une seconde médaille au Salon de 1883, digne récompense du réel talent et des efforts de ce peintre consciencieux dont chaque exposition fait constater un nouveau progrès.

Signalons aussi à l'autel de Notre-Dame-de-Lorette un très beau rétable d'avant la Révolution, représentant le sacrifice de Melchisédech.

Enfin un magnifique tableau dont le sujet est Saint-Vincent-de-Paul prêchant à Mâcon dans l'église Saint-Nizier.

N'oublions pas non plus la pierre commémorative de la sépulture des Bauderon de Sennecé et les belles sculptures qui l'entourent. C'est le zèle pieux de l'abbé Naulin qui nous a valu la conservation de cette artistique relique. La sépulture des Bauderon de Sennecé était dans l'ancienne chapelle des Cordeliers qui depuis la Révolution servait d'église à la paroisse de Saint-Pierre. Lorsque la nouvelle église fut construite, M. l'abbé Naulin demanda l'autorisation d'y transférer la sépulture de cette famille. Dans une lettre adressée par lui au maire de Mâcon, il expose avec chaleur les raisons qui militent en faveur de cette translation. Cette lettre, par son style d'une élégante concision, par les connaissances historiques qu'elle montre chez son auteur, nous fait voir en M. le curé Naulin, en même temps qu'un lettré délicat, un vrai patriote attaché aux gloires de son pays. A ce double titre, on nous saura gré de la publier.

Mâcon, 27 septembre 1860.

MONSIEUR LE MAIRE,

L'ancienne église Saint-Pierre contenait la sépulture de la famille des Bauderon de Sennecé et une fort belle inscription entourée de sculptures qui en indiquait la place. Je viens prier la municipalité de vouloir bien se joindre au conseil de Fabrique pour demander au ministre des cultes de faire, à cette occasion, une exception à la loi qui interdit toute sépulture et inscription funéraire dans les églises.

C'est le vœu de tous les hommes instruits et celui de la population mâconnaise. Cette exception est parfaitement justifiée sous plusieurs rapports. Le monument des Sennecé est un objet d'art qui servira d'embellissement à la nouvelle église, mais il est avant tout un monument historique et cher aux habitants de Mâcon. La famille des Sennecé est une des gloires de cette ville. Le premier qui donna une véritable illustration à cette famille fut Brice Bauderon qui occupa, de 1646 à 1698, la charge de lieutenant-général au bailliage de Mâcon et fut conseiller du roi. Son rôle a été des plus considérables dans sa province, particulièrement dans la ville de Mâcon qu'il retint pendant la minorité de Louis XIV dans le parti du roi. Cinquante ans durant, son ardeur ne se ralentit pas, ni son éloquence, car il était l'orateur et le représentant officiel de son pays. A Dijon, en 1649, Brice Bauderon de Sennecé représenta le Mâconnais auprès du roi. Aux grands jours de Clermont (1665), il fut publiquement félicité par l'avocat général Talon. On a de lui un volume de harangues fort curieuses, prononcées dans les circonstances les plus importantes de son administration, administration probe, intelligente et active comme sa vie. Il laissa plusieurs filles et un fils Antoine Bauderon de Sennecé qui fut premier valet de chambre de la reine, poète et écrivain renommé, à une époque qui vit paraître Molière et La Fontaine.

Les poésies de Sennecé, qui contiennent principalement des épîtres, contes et satires, nous avaient été données en un petit volume par Charles Nodier. Elles ont été rééditées en entier avec une intéressante notice biographique par M. Emile Chasles.

Le tombeau des Sennecé mérite donc à tous les titres d'être conservé à l'histoire générale et à l'histoire particulière du pays dont cette famille a été une des illustrations.

Si le conseil municipal y consent, le conseil de Fabrique de Saint-Pierre demandera donc à M. le Ministre de pouvoir faire déposer, dans la nouvelle église maintenant en construction, ce que le temps a pu laisser de la poussière de ces hommes illustres et d'y placer également le monument sculpté qui signalera le lieu de leur repos.

M. le Ministre accèdera, nous l'espérons, aux vœux de ceux qui s'intéressent à l'histoire de leur pays et de la population tout entière de la ville de Mâcon.

Agréez, etc.

NAULIN.

Le conseil municipal de Mâcon fut d'avis à l'unanimité qu'il y avait lieu d'opérer cette translation et l'autorisation ministérielle fut obtenue. Nous voulons espérer que le ministre d'aujourd'hui se montrera aussi favorable que son prédécesseur de 1860. On sollicite, en ce moment, l'autorisation d'inhumer la dépouille mortelle du bon curé dans cette magnifique église que son zèle a élevée, souhaitons que cette suprême faveur soit accordée à celui qui fut pendant plus de trente ans le bienfaiteur et l'ami des pauvres de Mâcon.

III

LA MORT — LES FUNÉRAILLES

Depuis plusieurs années, le bon curé était malade. Il avait aux jambes des plaies douloureuses qui lui rendaient la marche très pénible. Il lui fallait toute se vaillance et toute l'ardeur de son cœur généreux pour ne point se laisser abattre par cette cruelle infirmité. Il tint bon jusqu'au bout. Peu de jours avant sa fin, on le voyait encore traverser les rues de Mâcon, s'aidant d'un bâton ou du bras d'un ami, toujours souriant, toujours affable, ne laissant rien deviner de ses souffrances, ayant quand même un de ces mots aimables et gracieux que son cœur et son esprit lui dictaient avec tant d'à-propos.

Lorsqu'on le voyait, tous les fronts s'inclinaient respectueusement, on admirait ce vétéran de la charité restant sur la brèche, et « malgré ses infirmités, montrant qu'une âme vaillante est maitresse du corps qu'elle anime ».

Mais, enfin, il fallut céder. Dans la première quinzaine de janvier, le bon curé dut s'aliter.

L'émotion fut grande dans notre ville, à cette nouvelle ; elle redoubla lorsqu'on sut que les médecins dévoués, qui consacraient toute leur science stimulée par l'amitié et la vénération à prolonger cette vie précieuse, ne gardaient plus aucun espoir. De toutes parts, on allait s'enquérir de ses nouvelles ; les pauvres, habitués de ses rendez-vous de charité, venaient chaque jour au presbytère et beaucoup pleuraient en apprenant qu'ils allaient perdre leur bienfaiteur et leur ami. Quant à lui, le bon curé, il restait souriant en face de la mort qu'il voyait venir sans crainte. Il étonnait par son calme angélique ceux qui avaient le bonheur d'être admis dans sa chambre de malade. « J'attends le train, » disait-il avec bonhomie et il était bien préparé au voyage.

A ceux qui essayaient de lui persuader que tout espoir de rétablir sa santé n'était pas perdu, il répondait malicieusement en montrant les médicaments qui encombraient sa table : « Quand on a besoin de tant de fioles, on est bien malade. »

Au milieu de ses souffrances, il ne laissa jamais échapper un mot de plainte. Il pensait toujours à ses amis, les pauvres, qu'il ne pouvait plus recevoir et il disait. « C'est vrai, je souffre beaucoup, mais je suis bien soigné et il y a, j'en suis sûr, bien des malheureux dans ma paroisse, malades, eux aussi, souffrant autant et plus que moi, et manquant de tout. »

En quelques jours, la maladie fit de rapides

progrès. Le bon curé mourut le dimanche 24 janvier à 8 heures du soir.

M. l'abbé Nain[1], l'excellent vicaire de Saint-Pierre, qui avait pour le bon curé une affection toute filiale l'assista dans ses derniers moments. Il a retracé cette scène émouvante et grande en quelques lignes simples et éloquentes que nous demandons la permission de reproduire :

« J'eus la tristesse et la consolation d'assister le vénérable curé à son heure dernière. J'ai constaté que, pendant tout le cours de sa maladie, il n'a pas une seule fois ouvert la bouche pour se plaindre. « Comme nous ne sommes rien ! » disait-il avec Bossuet.

» L'agonie commença à 5 heures 1/4 le samedi, 23 janvier, au soir. Le dimanche, à 8 h. 20, je lui donnai une dernière fois l'absolution. Sa figure était inondée d'une sueur froide, le râle était affreux, mais il avait toute sa connaissance. Il essaya de remuer les lèvres, il joignit ses mains défaillantes pendant que je lui donnais cette dernière absolution. Puis, me tendant la main, il me la pressa doucement ; il me regarda fixement pendant environ vingt secondes. Son regard exprimait la souffrance, la résignation et l'amour. Un instant après, tournant la tête sur sa couche, il rendit sa belle âme à Dieu. Le sacrifice était consommé.

1. M. l'abbé Nain nous a fourni, avec une obligeance dont nous lui sommes très reconnaissant, une grande partie des renseignements qui nous ont permis d'écrire cette notice.

« Ouvrez-vous, ô portes éternelles ! » tel devait être le chant de triomphe dans les célestes parvis.»

La douleur fut générale à Mâcon lorsqu'on apprit cette nouvelle. La mort de l'abbé Naulin avait beau être prévue depuis plusieurs jours, on se plaisait encore à espérer que Dieu laisserait plus longtemps parmi nous son ardent serviteur. Nous nous faisions l'écho du sentiment unanime de la population mâconnaise lorsque nous écrivions [1], au lendemain de ce triste évènement :

« Les pauvres ont perdu un de leurs meilleurs amis, le clergé l'un de ses plus dignes représentants, la paroisse de Saint-Pierre un chef aimé et vénéré entre tous. L'abbé Naulin a succombé à une longue et douloureuse maladie qui, depuis plusieurs jours, ne laissait plus d'espoir. Lui-même attendait sans crainte l'heure du départ pour le grand voyage. Ainsi que l'a dit l'orateur sacré dans un immortel langage qui semble écrit pour la circonstance, « la troupe sacrée des vertus qui veillaient pour ainsi dire autour de lui en ont banni les frayeurs et ont fait du jour de sa mort le plus beau, le plus triomphant, le plus heureux jour de sa vie. » Il est mort avec la tranquillité d'un sage, plus que cela, avec la sérénité d'un saint.

» Ce triste dénouement, quoique prévu depuis plusieurs jours, a produit dans notre ville la plus

1. *Journal de Saône-et-Loire* du 26 février 1886.

profonde et la plus touchante impression. Partout la nouvelle a été accueillie avec douleur, partout on a fait l'éloge du vénéré pasteur, vanté sa bonté, et cette sublime et inépuisable charité qui courait au malheur et à la misère comme l'eau à la mer. Ce deuil unanime, ces regrets partout manifestés sont le plus bel éloge qu'on puisse faire de l'abbé Naulin.

» C'est une grande et noble figure qui disparaît. Il faudrait tout un livre pour raconter les bonnes œuvres qui ont marqué cette longue carrière sacerdotale. Et que de bienfaits ignorés! car la charité du saint prêtre était aussi discrète que dévouée, et elle ne se trahissait que par le dénuement et la pauvreté dans lesquels il vivait. Une journée sans bienfaits eût été pour l'abbé Naulin une journée perdue et il n'en perdit aucune.

» Lorsqu'il avait épuisé ses ressources, vidé sa bourse, donné jusqu'à son linge, on pouvait encore frapper à sa porte sans le trouver pris au dépourvu. Pauvre lui-même, il allait quêter pour les pauvres et sa charité opérait des prodiges. Il eut le véritable génie, celui qui vient du cœur et qui pousse l'homme à se sacrifier pour le soulagement des misères. Comptant sur la Providence, il s'oubliait lui-même à tel point qu'il ne laisse pas même l'argent nécessaire à ses funérailles.

» Mais il laisse le plus beau, le plus enviable des héritages : une mémoire partout vénérée et de la reconnaissance dans tous les cœurs. Il laisse aussi un magnifique et indestructible témoignage de sa foi agissante, cette belle église Saint-Pierre, dont notre ville s'enorgueillit si justement. C'est la persévérance, c'est l'enthousiasme pieux, c'est le zèle infatigable de l'abbé Naulin qui assurèrent l'édification de ce splendide monument ; jusqu'au dernier jour de sa vie, le saint prêtre travailla pour en achever la décoration intérieure. Il a vu sa grande œuvre terminée et il a pu prononcer en paix, lui aussi, son : *Nunc dimittis*, *Domine.* »

L'abbé Naulin ne laissait pas même l'argent nécessaire à ses funérailles. Quelques-uns de ses paroissiens prirent la généreuse initiative d'une souscription destinée à couvrir les frais de cette cérémonie. On fit la quête à domicile. Dans toutes les maisons, les dames quêteuses furent bien accueillies. Riches et pauvres, tous donnèrent, joignant à leur offrande un mot de regret et d'éloge pour le bon curé. Des protestants, des juifs même s'associèrent par une cotisation à l'hommage suprême rendu à ce grand bienfaiteur des pauvres.

Les funérailles furent la plus magnifique manifestation que nous ayons vue. Nous en avons publié le récit dans le *Journal de Saône-et-Loire,* on nous permettra de le reproduire :

« Les funérailles du vénérable abbé Naulin sont une de ces cerémonies imposantes que l'on se sent impuissant à raconter dignement. Il faut les avoir vues : un compte rendu quel qu'il soit ne peut en donner qu'une idée affaiblie. On a vu des cortèges plus brillants, embellis par tout le luxe d'une pompe officielle, attirant sur leur passage une foule de curieux venus là comme à un spectacle ou à une revue. Ce que l'on ne voit pas souvent, ce que nous n'avions jamais vu pour notre part, c'est ce concours empressé de toute la population d'une ville, unie dans le même deuil et venant, par sa présence et son recueillement, non pas rendre hommage à quelque puissant personnage, mais témoigner de sa pieuse affection, de sa vénération pour un simple prêtre, pour un de ces hommes si décriés aujourd'hui par tant de journaux, pour le bon curé qui, par ses vertus et ses bienfaits, s'est imposé à l'admiration de tous.

» Les funérailles étaient annoncées pour 10 heures 1/2. Une demi-heure avant, la vaste place Saint-Pierre, les abords du presbytère, la rue Municipale jusqu'à la place Poissonnière, étaient envahis par une foule silencieuse et recueillie. Plus de dix mille personnes étaient là, toutes les classes, toutes les opinions étaient représentées. O puissance de la bonté et de la vertu ! Quel spectacle grandiose et consolant que de voir ces dix mille personnes s'incliner respectueusement devant la dépouille mortelle de ce vieillard qui n'avait été ni député ni ministre, et dont tout le génie avait consisté à suivre les battements de son cœur de chrétien et de prêtre.

» Le cortège funèbre eut peine à se frayer un

chemin au milieu des flots serrés de la foule. En tête marchaient les élèves des écoles congréganistes, les congrégations ; venaient ensuite plus de cent prêtres accourus des divers points du diocèse pour honorer celui que tous avaient aimé, et à leur tête M. l'abbé Mangematin, vicaire général d'Autun, qui officiait, assisté de M. l'abbé Accary, curé de la cathédrale et provicaire. Les cordons du poêle étaient tenus par M. Le Mallier, préfet de Saône-et-Loire, par deux chanoines et par MM. de Borde, président de la Fabrique de Saint-Pierre ; Calmels, vice-président du Comité des écoles libres, et Tony Desmarquest, président de la Société de Saint-Vincent-de-Paul. Le char funèbre disparaissait sous les magnifiques couronnes que la piété, l'amitié et la reconnaissance avaient offertes. La plus remarquée, quoique la plus modeste, portait cette inscription d'une simplicité touchante :

A l'abbé Naulin, les pauvres ses amis !

» Le deuil était conduit par MM. Baudin, Louis Goin, parents du vénéré défunt, et par les vicaires de Saint-Pierre. A la suite venait une foule de notabilités et de fonctionnaires de Mâcon, puis le flot nombreux et pressé des amis de tout rang et de toute classe.

» La vaste et belle église Saint-Pierre fut bientôt envahie par la foule. Les trois nefs, les chapelles,

les tribunes regorgeaient de monde. Et beaucoup d'assistants ne purent trouver place.

» Le spectacle était vraiment imposant : la foule immense agenouillée et recueillie, le chœur tout tendu de noir et brillamment éclairé, le catafalque monumental et parfait dans ses proportions hardies, la grande voix de l'orgue, les chants funèbres magistralement exécutés par la Maîtrise, tout, en un mot, impressionnait l'âme sans l'attrister, car à tous les regrets que cause la mort de l'excellent curé se mêlait une pensée consolante, c'est qu'il recevait en ce moment la récompense de ses travaux et de ses vertus, et chacun sentait toute la vérité de cette parole : « La mort pour le juste est le soir d'un beau jour. »

» Après la messe qui a été célébrée par M. l'abbé Accary, provicaire, M. l'abbé Mangematin est monté en chaire et a prononcé l'oraison funèbre de l'abbé Naulin. L'orateur a su traduire dans un langage simple et élevé les sentiments de l'assistance. Il a loué le bon curé, comme il méritait de l'être, avec l'éloquence du cœur.

» On nous saura gré de donner une analyse de ce beau panégyrique.

» M. l'abbé Mangematin avait pris pour texte : « *Beati mites et humiles corde, beati pauperes* « *spiritu*, etc. Bienheureux ceux qui sont bons « et humbles de cœur parce qu'ils possèderont la « terre. Bienheureux ceux qui ont l'esprit de pau-

« vreté parce que le royaume des cieux leur appar-
« tiendra. »

» Après ce texte dont les paroles s'appliquaient si bien au regretté curé de Saint-Pierre, M. l'abbé Mangematin a exposé qu'il avait tenu, malgré les règlements diocésains, à venir rendre ce pieux devoir à l'abbé Naulin à cause de ses vertus, à cause de la situation qu'il avait conquise par sa vie exemplaire. « C'était pour moi un devoir du cœur, ajoute-t-il, de me joindre à cette pieuse couronne de confrères dévoués, à cette assemblée innombrable qui est venue donner à M. l'abbé Naulin un témoignage de son amour et de sa vénération. Merci à tous pour ce spectacle consolant et encourageant. »

» L'orateur ajoute qu'il faut imiter les vertus de l'abbé Naulin. « Cinquante-six ans de sacerdoce plein d'œuvres, de mérites et d'honneur, le bon exemple partout donné, le malheur partout secouru, des infirmités douloureuses supportées vaillamment, quelle vie complète ! s'écrie-t-il, quelle belle figure de pasteur ! »

» L'orateur examine ensuite successivement les leçons et les encouragements donnés par la vie de l'abbé Naulin, les leçons et les encouragements donnés par sa mort. Il retrace la longue carrière sacerdotale du curé de Saint-Pierre et il la résume excellemment ainsi :

» Partout l'estime, l'honneur, la vénération. Il suffisait de le voir pour l'aimer et le vénérer. Est-ce parce que son intelligence était plus vive, parce que son esprit était plus fin, parce qu'il avait toutes les qualités de l'orateur? Il en est qui possèdent ces mêmes qualités et qui ne parviennent pas à conquérir cette popularité saine et de bon aloi parce qu'elle élève les cœurs? Pourquoi donc vint-elle à l'abbé Naulin? Parce qu'il était bon. La bonté, c'est le caractère du divin Sauveur, c'est le caractère du christianisme. « Lorsque Dieu forma le cœur de l'homme, dit Bossuet, il y mit premièrement la bonté. »

» Qu'elle était rayonnante en vous, vénérable abbé Naulin, la bonté du divin Sauveur, bonté pour les malades, bonté pour les pauvres, bonté pour tous. Le voyez-vous encore, dans ces derniers temps, à travers les rues de votre ville ; chaque pas pour lui est une souffrance, il marche quand même, il va partout où il y a des consolations à donner, des misères à soulager. Ses jambes endolories peuvent à peine le porter, il monte quand même les escaliers de la mansarde pour aller voir les pauvres, ses amis, comme le dit dans sa simplicité émouvante cette modeste couronne que les pauvres lui ont offerte.

» Son désintéressement est absolu. « Tous les jours de » ma vie, disait-il, j'ai demandé deux grâces au bon Dieu, » de recevoir les sacrements en pleine connaissance et de » mourir pauvre. » Ces deux souhaits ont été exaucés. Il dit dans le testament spirituel qu'il nous a laissé pour notre édification : « Je n'ai pas besoin de faire un testa- » ment, je n'ai rien. » Vous n'avez rien, bon pasteur, mais vous laissez le plus beau des héritages, une mémoire bénie et vénérée.

» N'est-il pas vrai que les grandes pensées viennent du cœur et pouvait-on mieux que par ces simples paroles faire l'éloge du bon abbé Naulin ? Aussi l'émotion a été profonde en les écoutant et plus d'une larme a coulé.

» M. l'abbé Mangematin a ensuite rappelé la grande œuvre de M. Naulin, la construction de l'église Saint-Pierre.

» Là encore, a-t-il dit, a éclaté la puissance de la bonté. Certes la bonne volonté était grande et la municipalité a secondé puissamment le curé de Saint-Pierre par ses efforts et ses sacrifices. Mais il fallait préparer ce mouvement, c'est le désintéressement de l'abbé Naulin qui a donné l'exemple et entraîné les générosités. La plupart de ses collaborateurs l'ont précédé dans la tombe : honneur à eux, honneur à toute la population de Mâcon qui a contribué à l'édification de ce magnifique monument élevé à la gloire de Dieu.

» Après avoir engagé l'auditoire à pratiquer la bonté qui n'est pas seulement une disposition native, mais un effet de la volonté, M. l'abbé Mangematin a examiné les leçons et les encouragements donnés par la mort si vaillante et si sereine de l'abbé Naulin. Et l'orateur a retracé, avec une émotion communicative, ces longues souffrances supportées avec une sérénité constante, cette foi admirable. « Maintenant, a-t-il ajouté, il est récompensé de sa bonté. Prions pour le bon pasteur, bientôt il priera pour nous. »

» L'orateur a terminé ainsi :

» On raconte que saint Charles Borromée avait une peinture qui représentait la Mort armée d'une faux. Cet attribut païen lui paraissait rendre mal les sentiments d'un chrétien pour lequel la mort est la fin des souffrances, *finis laborum*, la porte du ciel, *janua cœli*. Le saint évêque fit venir un peintre et lui demanda de remplacer la faux par une clef d'or. O bon pasteur, ce n'est pas la faux de la mort qui a tranché vos jours, c'est une clef d'or qui vous a ouvert les portes du ciel.

» Nous n'avons pu reproduire qu'imparfaitement cette éloquente oraison funèbre. Tous ceux qui l'ont entendue ont été vivement touchés et ont été reconnaissants envers l'orateur qui a su rendre un si brillant hommage aux mérites et aux vertus de l'abbé Naulin.

» Après l'absoute, le cortège funèbre s'est dirigé vers le cimetière par les rues Municipale, Joséphine, Saint-Brice et de Lacretelle. Partout, sur son passage, la foule se pressait silencieuse et recueillie.

» Le cercueil a été déposé provisoirement dans le caveau de famille de M. le comte de Murard. Puis l'innombrable assistance s'est séparée, emportant de cette cérémonie vraiment triomphale la plus douce impression et le plus consolant souvenir. »

Le 28 janvier dernier, les Mâconnais ont prouvé que la reconnaissance n'est pas chez eux un vain mot. Leur œuvre n'est pas achevée, il leur reste à perpétuer par un monument durable le souvenir de Celui qui fut, pendant plus de trente années dans leur ville, l'image vivante de la bonté et de la charité.

Ils ne manqueront pas à ce devoir. Une souscription est ouverte dans ce but, elle compte déjà d'importantes offrandes ; d'autres viendront s'y ajouter. L'autorisation a été demandée au ministère d'inhumer la dépouille mortelle du bon curé dans l'église que son zèle a édifiée, au milieu de ses paroissiens qu'il a tant aimés. Nous nous plaisons à espérer qu'il sera fait droit à ce vœu unanime de la population mâconnaise, et que la paroisse Saint-Pierre obtiendra le droit de garder, comme une pieuse relique et un sujet d'édification, les restes vénérés du bon curé qui aima Dieu par dessus toute chose et les pauvres plus que lui-même.

Quant à nous, en traçant cette esquisse imparfaite de la vie de ce grand homme de bien, nous nous sommes proposé un double but.

Nous avons voulu rendre au bon curé, à l'ami des pauvres, l'hommage qui est au fond de tous les cœurs, et lui donner un dernier et faible témoignage de notre admiration.

Nous avons voulu, par ces pages trop rapidement écrites, fournir à ceux qui ont eu le bonheur de connaître et d'aimer M. l'abbé Naulin l'occasion de revivre avec lui, pendant quelques instants, par la pensée et par le souvenir.

Nous avons tenu, enfin, à apporter notre petite pierre au monument que la reconnaissance de ses paroissiens va lui élever.

Nous avons pensé aussi que le bon curé de Saint-Pierre qui, pendant les dernières années de sa vie, avait secondé si vaillamment son vénéré confrère, M. l'abbé Acary, curé de la cathédrale de Mâcon, ainsi que le Comité des écoles libres dans l'œuvre de la restauration et de l'entretien des classes gratuites dirigées par les Frères des écoles chrétiennes et les Sœurs Saint-Charles, serait heureux de contribuer encore, après sa mort, à procurer aux enfants pauvres le bienfait de l'enseignement chrétien.

Voilà pourquoi nous avons voulu que cette modeste brochure, qui n'a de valeur que par la grande mémoire qu'elle évoque, fût vendue moitié au profit du monument destiné à perpétuer le souvenir du bon curé, moitié au profit des écoles.

Qu'on nous permette, avant de finir, de citer un acte de la vie de l'abbé Naulin qui vient à l'appui de notre pensée.

Il y a cinq ans, la paroisse Saint-Pierre célébrait les noces d'or du bon curé qui avait cinquante ans de sacerdoce. Une souscription avait été ouverte pour offrir à l'occasion de cette fête un souvenir à l'abbé Naulin. On lui donna un magnifique calice en or décoré de pierreries et une bourse qui contenait 300 fr. pour ses pauvres. C'est ce dernier présent qui fit le plus sensible plaisir au bon curé. On avait fait la part des pauvres, il en était tout joyeux et il exprima sa vive reconnaissance pour cette délicate attention.

Faire la part des pauvres, faire la part des écoles chrétiennes, c'est donc répondre au vœu le plus cher de M. l'abbé Naulin.

TABLE

MACON, IMP. PROTAT FRÈRES.

www.ingramcontent.com/pod-product-compliance
Ingram Content Group UK Ltd.
Pitfield, Milton Keynes, MK11 3LW, UK
UKHW020959180726
13838UKWH00003B/1385

9 782329 321226